To :

소중한 당신에게

세상을 살아가는 지혜를 드립니다.

솔로몬의 잠언

세상을 살아가는 지혜

순출판사

의인의 길은 동틀 때의 햇살 같아서
대낮이 될 때까지 점점 더 빛나지만,
악인의 길은 캄캄하여 넘어져도
무엇에 걸려 넘어졌는지 알지 못한다.
잠언 4:18-19

The path of the righteous is like the first gleam of dawn, shining ever brighter till the full light of day. But the way of the wicked is like deep darkness; they do not know what makes them stumble. (Prov. 4:18-19)

내 아이들아, 꿀을 먹어라. 그것은 좋은 것이다.

송이꿀을 먹어라. 그것은 너의 입에 달콤할 것이다.

지혜도 너의 영혼에게는 그와 같다는 것을 알아라.

그것을 얻으면 너의 장래가 밝아지고,

너의 소망이 끊어지지 않는다.

잠언 24:13-14

Eat honey, my son, for it is good; honey from the comb is sweet to your taste. Know also that wisdom is sweet to your soul; if you find it, there is a future hope for you, and your hope will not be cut off. (Prov.24:13-14)

아이들아,

아버지의 훈계를 잘 듣고,

어머니의 가르침을 저버리지 말아라.

진정 이것은 머리에 쓸 아름다운 관이요,

너의 목에 걸 목걸이이다.

잠언 1:8-9

Listen, my son, to your father's instruction and do not forsake your mother's teaching. They will be a garland to grace your head and a chain to adorn your neck. (Prov. 1:8-9)

너의 손에 선을 행할 힘이 있거든

도움을 청하는 사람에게 주저하지 말고

선을 행하여라.

잠언 3:27

Do not withhold good from those who deserve it,
when it is in your power to act. (Prov. 3:27)

모든 지킬 만한 것 중에 더욱 네 마음을 지키라
생명의 근원이 이에서 남이니라.
잠언 4:23

Above all else, guard your heart,
for it is the wellspring of life.
(Prov. 4:23)

시기 질투로 지친 그대에게!
마음에 생기를~
평온탕
하나님처방
100ml
유통기한: 영원히

A heart at peace gives life to the body,
but envy rots the bones. (Prov.14:30)

평온한
마음은
육신의
생명이나
시기는
뼈를 썩게
하느니라

잠언 14:30

물에 비치면 얼굴이 서로 같은 것 같이

사람의 마음도 서로 비치느니라.

잠언 27:19

As water reflects a face,
so a man's heart reflects the man. (Prov. 27:19)

유순한 대답은

분노를 쉬게 하여도

A gentle answer turns away wrath,

과격한 말은

노를 격동하느니라.

잠언 15:1

but a harsh word stirs up anger. (Prov. 15:1)

지혜 없는 자는 그의 이웃을 멸시하나
명철한 자는 잠잠하느니라.
두루 다니며 한담하는 자는
남의 비밀을 누설하나
마음이 신실한 자는 그런 것을 숨기느니라.
잠언 11:12-13

A man who lacks judgment derides his neighbor,
but a man of understanding holds his tongue.
A gossip betrays a confidence,
but a trustworthy man keeps a secret.
(Prov. 11:12-13)

사연을 듣기 전에 대답하는 자는
미련하여 욕을 당하느니라. (잠언 18:13)

He who answers before listening
that is his folly and his shame.
(Prov. 18:13)

개가 그 토한 것을 도로 먹는 것 같이, 미련한 자는

그 미련한 것을 거듭 행한다. (잠언 26:11)

As a dog returns to its vomit, so a fool repeats his folly.

(Prov. 26:11)

귀찮다.
역시
귀찮다.

게으른 자는 자기의 손을

그릇에 넣고서도

입으로 올리기를 괴로워하느니라

잠언 19:24

The sluggard buries his hand in the dish;
he will not even bring it back to his mouth!
(Prov. 19:24)

게으른 사람의 밭과 지각이 없는 사람의 포도원을 내가 지나가면서 보았더니, 거기에는 가시덤불이 널려 있고, 엉겅퀴가 지면을 덮었으며, 돌담이 무너져 있었다. 나는 이것을 보고 마음 깊이 생각하고, 교훈을 얻었다.

I went past the field of the sluggard, past the vineyard of the man who lacks judgment; thorns had come up everywhere, the ground was covered with weeds, and the stone wall was in ruins. I applied my heart to what I observed and learned a lesson from what I saw: A little sleep, a little slumber, a little folding of the hands to rest- and poverty will come on you like a bandit and scarcity like an armed man.

"조금만 더 자야지, 조금만 더 눈을 붙여야지, 조금만 더 팔을 베고 누워 있어야지" 하면, 가난이 강도처럼 들이닥치고, 빈곤이 방패로 무장한 용사처럼 달려들 것이다.

(잠언 24:30-34)

적은 재물로 의롭게 사는 것이,

부정하게 얻은 재물을

쌓아 놓고 사는 것보다 낫다.

잠언 16:8

Better a little with righteousness
than much gain with injustice.
(Prov. 16:8)

가 훈
정직하게 살자
금품수수 구속

너는 내일 일을 자랑하지 말라

하루 동안에 무슨 일이 일어날는지

네가 알 수 없음이니라

잠언 27:1

Do not boast about tomorrow,
for you do not know what a day may bring forth.
(Prov. 27:1)

충성된 사자는
그를 보낸 이에게
마치 추수하는 날에
얼음 냉수 같아서
능히 그 주인의 마음을
시원하게 하느니라

잠언 25:13

Like the coolness of snow at harvest time is a trustworthy messenger to those who send him; he refreshes the spirit of his masters. (Prov. 25:13)

마음의 정결을 사모하는 자의 입술에는

덕이 있으므로 임금이 그의 친구가 되느니라.

잠언 22:11

He who loves a pure heart and whose speech is
gracious will have the king for his friend.
(Prov. 22:11)

사람의 마음에 있는 모략은 깊은 물 같으니라
그럴지라도 명철한 사람은 그것을 길어 내느니라
잠언 20:5

The purposes of a man's heart are deep waters,
but a man of understanding draws them out.
(Prov. 20:5)

고운 것도 거짓되고
아름다운 것도 헛되나
오직 여호와를 경외하는 여자는
칭찬을 받을 것이라
잠언 31:30

Charm is deceptive,
and beauty is fleeting;
but a woman
who fears the LORD is to be praised.
(Prov. 31:30)

네 샘으로 복되게 하라
네가 젊어서 취한 아내를 즐거워하라
그는 사랑스러운 암사슴 같고 아름다운 암노루 같으니
너는 그의 품을 항상 족하게 여기며
그의 사랑을 항상 연모하라.
잠언 5:18-19

May your fountain be blessed, and may you rejoice in the wife of your youth. A loving doe, a graceful deer-- may her breasts satisfy you always, may you ever be captivated by her love. (Prov. 5:18-19)

다투는 여인과 함께
큰 집에서 사는 것보다
움막에서 사는 것이 나으니라
잠언 21:9

Better to live on a corner of the roof than
share a house with a quarrelsome wife. (Prov. 21:9)

마른 떡 한 조각만 있고

화목하는 것이

제육이 집에 가득하고도

다투는 것보다 나으니라

잠언 17:1

Better a dry crust with peace and quiet than
a house full of feasting, with strife. (Prov. 17:1)

미움은 다툼을 일으키지만
사랑은 모든 허물을 덮어 준다.
잠언 10:12

Hatred stirs up dissension,
but love covers over all wrongs.
(Prov. 10:12)

어떻게
이
깊은곳까지..
사람의 영혼은 여호와의 등불이라
사람의 깊은 속을 살피느니라
잠언 20:27
The lamp of the LORD searches the spirit of a man ;
it searches out his inmost being. (Prov. 20:27)

여호와께서는
교만한 자를 비웃으시고,
겸손한 자에게 은혜를 주신다.
잠언 3:34

The LORD's curse is
on the house of the wicked,
but he blesses the home
of the righteous.
(Prov. 3:34)

여호와의 눈은 어디서든지

악인과 선인을 감찰하시느니라.

잠언 15:3

The eyes of the LORD are everywhere,
keeping watch on the wicked and the good.
(Prov. 15:3)

여호와께서
미워하시는 것
곧 싫어하시는 것
예닐곱 가지가 있다
그것은 교만한 눈
거짓말하는 혀
죄 없는 사람을 죽이는 손
악한 일을 꾸미는 마음
범죄하러 급히 달려가는 발
거짓말하는 거짓 증인
형제 사이를 이간질하는 사람이다
잠언 6:16-19

There are six things the LORD hates, seven that are detestable to him: haughty eyes, a lying tongue, hands that shed innocent blood, a heart that devises wicked schemes, feet that are quick to rush into evil, a false witness who pours out lies and a man who stirs up dissension among brothers. (Prov. 6:16-19)

Who has gone up to heaven and come down? Who has gathered up the wind in the hollow of his hands? Who has wrapped up the waters in his cloak? Who has established all the ends of the earth? What is his name, and the name of his son? Tell me if you know! "Every word of God is flawless; he is a shield to those who take refuge in him. (Prov. 30:4-5)

누가 하늘에 올라갔다 내려 왔던가?

누가 자기 손바닥에 바람을 모았던가?

누가 자기 옷에 물을 댔던가?

누가 땅끝을 만들었던가?

그의 이름이 무엇이며, 그의 아들의 이름은 무엇인가?

네가 알면 말해 다오.

잠언 30:4-5

아름다운 보석과
단단하고 정결한 금이
만들어지기 위해서는

수백 번의 두드림,
수천 도의 온도를 견뎌야 하는
과정이 필요한 것처럼

하나님께서도 우리의 마음이
깨끗하고 아름답게 되도록
연단하여 주십니다.

도가니는 은을, 풀무는 금을 연단하거니와
여호와는 마음을 연단하시느니라

잠언 17:3

The crucible for silver and the furnace for gold,
but the LORD tests the heart. (Prov. 17:3)

사람이 마음으로 자기의 길을 계획할지라도

그의 걸음을 인도하시는 이는 여호와시니라

잠언 16:9

In his heart a man plans his course,
but the LORD determines his steps. (Prov. 16:9)

마땅히 행할 길을

아이에게 가르치라

그리하면

늙어도 그것을

떠나지 아니하리라

잠언 22:6

Train a child in the way he should go,
and when he is old he will not turn from it.
(Prov. 22:6)

BIBLE

아이들아, 내 가르침을 잊지 말고, 내 계명을 네 마음에 간직하여라. 그러면 그것들이 너를 장수하게 하며, 해가 갈수록 더욱 평안을 누리게 할 것이다. 인자와 진리를 저버리지 말고, 그것을 목에 걸고 다니며, 너의 마음 속 깊이 새겨 두어라. 그러면 하나님과 사람 앞에서 네가 은혜를 입고 귀중히 여김을 받을 것이다.
"너의 마음을 다하여 주님을 의뢰하고, 너의 명철을 의지하지 말아라. 네가 하는 모든 일에서 주님을 인정하여라. 그러면 주님께서 네가 가는 길을 곧게 하실 것이다." (잠언 3:1-6)

My son, do not forget my teaching, but keep my commands in your heart, for they will prolong your life many years and bring you prosperity. Let love and faithfulness never leave you; bind them around your neck, write them on the tablet of your heart. Then you will win favor and a good name in the sight of God and man. Trust in the LORD with all your heart and lean not on your own understanding; in all your ways acknowledge him, and he will make your paths straight. (Prov. 3:1-6)

여호와를 경외하는 것이

지혜의 근본이요

거룩하신 자를 아는 것이

명철이니라

잠언 9:10

"The fear of the LORD is the beginning of wisdom,
and knowledge of the Holy One is understanding.
(Prov. 9:10)

좋은 영상을 소개합니다.

1. Youtube 검색_ "가시망토를 쓴 소년"
2. #Falling Plates_ www.fallingplates.com
3. 샌드아트 사영리_ www.sandartp4u.com

들려주고 싶은 이야기

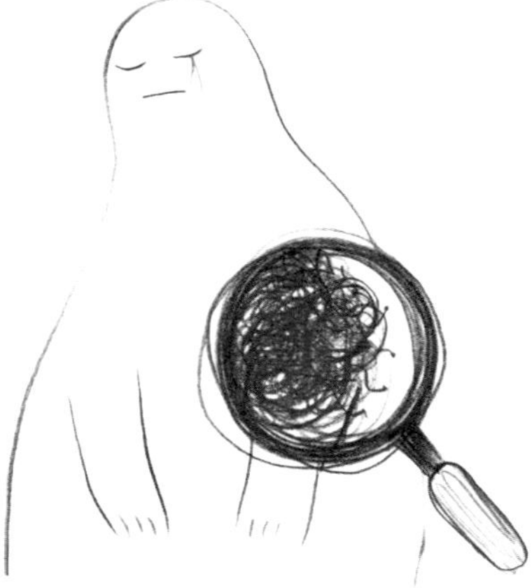

" 내 안이 죄로 가득하다는 걸 알고 있어요.

가까이 하기에는 이 안이 너무 더러워서,

저를 싫어하실 거예요... "

누가 그러든? 나는 돋보기를 쓰지 않는단다.

내가 쓰는 것은 청진기야, 너의 마음을 듣곤 하지.

음… 너의 마음 속은 공허하구나.

“ 이렇게나 많이 들어가 있는데도요? ”

맞아, 네 속엔 많은 것들이 있지.

그러나, 나는 사람이
완전한 사랑을 받으며 살도록 지었단다.
그 사랑의 근원은 바로 나, '하나님'이야.
가장 진실하고, 모든 것을 채워주는 '완전한 사랑'이지.

그런데, 사람이 나와의 약속을 어겨
최초의 '죄'를 짓기 시작했단다.
그것이 모든 사람의 마음을 서서히 깨뜨려
사랑으로 가득 찼던 우리의 관계를 막아버렸고,
이 사랑을 받지 못한 너는 점점 더 공허하게 되었구나.

나는 너를 너무나도 사랑하기에,
너와의 관계를 회복하기 위해
가장 두려운 결단을 했다.

너의 죗값을 치르기로...

그것은 너무나 크고 무거운 것이기에

'희생'이 있어야만 가능하고,

가장 순결한 제물이 필요했단다.

그래서, 내가 제물이 되기로 했지.

나의 생명, 나의 모든 것과 맞바꾼

나의 사랑은 바로 너란다.

이 사랑을 이해할 수 있겠니?

성경은 어려운게 아니야
너를 향한 사랑 이야기란다.
길을 잃어버린 너와
내 자녀들의 마음을 붙잡는
사랑이야기.

이 마음이

너에게 닿기를,

늦지 않게

알게 되기를……

하나님이 세상을 이처럼 사랑하사
독생자를 주셨으니 이는 그를 믿는 자마다
멸망하지 않고 영생을 얻게 하려 하심이라.

요한복음 3:16

바이블 일러스트북 시리즈

Proverbs 잠언

발행 : 2024년 7월 20일

기획 : CCC VLM

일러스트 : CCC DIA (박금비 정다운)

편집 : 박금비 오경수

펴낸곳 : 순출판사

03020 서울시 종로구 백석동1길 11

TEL 02-722-6932

홈페이지 : www.soonbook.co.kr

구매처 : www.1958shop.co.kr

ISBN 978-89-389-0364-8 03230

값 : 5,000원